NOTICE BIOGRAPHIQUE

SUR

la vie et les travaux littéraires

DE

M. S^T-CYR PONCET-DELPECH.

Au milieu de la décadence de la littérature contemporaine, au milieu des tentatives insensées qui ont été faites de nos jours pour faire rétrograder l'art jusqu'aux informes essais des premiers temps de la renaissance et même jusqu'à la barbarie du moyen âge, on lit, avec un vif intérêt et un sentiment de satisfaction indicibles, les œuvres de quelques hommes de notre époque, qui n'ont jamais transigé avec les fausses doctrines des novateurs et ont toujours conservé, dans tous les cours d'une longue et laborieuse carrière, le sentiment du beau, les traditions des grands maîtres, le culte des génies sublimes qui ont illustré nos deux grands siècles littéraires, honneur à ces organisations privilégiées, qui, comprenant la dignité de l'écrivain et la sainte mission du poète, ont constamment dédaigné ces faciles succès et cette popularité éphémère qu'on n'obtient qu'aux dépens de la vérité, de la raison et du bon goût; honneur aux hommes de lettres qu'un noble orgueil a préservés de toute participation aux honteux excès qui ont déshonoré trop souvent cette dernière période de la littérature française. Le siècle, fatigué de ses vaines idoles, ne saurait tarder à payer un juste tribut d'admiration à leurs talents et à leurs travaux.....

Parmi les esprits d'élite tous les critiques éclairés ont placé depuis longtemps l'homme éminemment honorable, dont le nom figure en tête de cette notice, M. St-Cyr Poncet-Delpech occupe sans contredit une des premières places parmi les littérateurs et les poètes de notre époque, à ce titre nous lui devions une notice spéciale dans notre publication.

M. St Cyr Poncet-Delpech eut pour père un homme d'un rare mérite. Pour faire connaître sa vie et ses travaux, nous ne saurions mieux faire que de reproduire textuellement les principaux passages d'une notice biographique, aussi exacte qu'impartiale, qui fut imprimée en 1817 quelques temps après sa mort.

Si le savoir le plus varié, si l'art de converser avec grâce, de rendre également bien ses idées, en vers ou en prose, si l'amour pour son pays, la connaissance approfondie de ses lois, si l'heureux don de les interpréter, d'en faire une juste application, si l'équité la plus sévère, si le secret enfin de se faire pardonner tant de qualités brillantes et solides à force d'amabilités ont des droits à l'estime et à l'attachement des hommes sensibles et éclairés, la perte de M. J.-B. Poncet-Delpech doit exciter tous leurs regrets.

Ce Magistrat, qui vient de nous être ravi, tenait le jour d'un père tendre et vertueux qui, *quoique chargé d'une nombreuse famille*, ne négligea rien pour laisser à ses enfants, le plus beau des héritages, une bonne éducation. Il fut élevé à Toulouse, au pensionnat des Jésuites, où ses maîtres ne tardèrent pas à le distinguer de ses nombreux condisciples *et où il mérita souvent la faveur de professer à leur place lorsqu'ils faisaient une absence*. Ces religieux, qui cherchaient toujours à s'attacher ceux qui pouvaient augmenter leur compagnie, avaient presque décidé M. Poncet de s'y faire admettre, lorsqu'ils furent supprimés. Alors il passa à l'École de droit où il sut allier, avec un égal succès, l'étude de la jurisprudence et des Beaux-Arts.

Le Journal Encyclopédique, celui de Nancy, le Mercure, etc., accueillaient les heureux fruits de sa muse.

De retour à Montauban, dans cet âge où le cœur s'ouvre au sentiment, où l'imagination embellit jusqu'à la beauté même, il y choisit pour épouse Mlle de Forestier, fille de l'Avocat-général à la Cour des Aides, et sœur d'un magistrat distingué par sa droiture et par ses lumières. Cette union, formée par l'amour le plus tendre, par une heureuse conformité d'âge, de goûts et de talents, fut bientôt rompue par la mort de cette compagne adorée. Son époux infortuné exhala ses regrets dans un ouvrage touchant, intitulé : *Mervire ou ma femme,* que l'on peut comparer, sans désavantage, à la lettre de la *Nouvelle Héloïse* où M. de Volmar rend compte de la mort de Julie.

Ses débuts au barreau de Montauban lui méritèrent les applaudissements unanimes. Ses prédécesseurs croyant mieux faire, hérissaient leur mémoires de mots barbares, auxquels il substitua un langage aussi pur qu'animé. Le grand nombre de ses plaidoyers imprimés prouva jusqu'à l'évidence qu'on pouvait, même en parlant français, bien discuter et gagner une cause.

Les lettres infiniment flatteuses que MM. Linguet et Gerbier lui adressèrent, à l'occasion de plusieurs de ses mémoires, prouvent le cas qu'ils faisaient de lui.

Comme il éprouvait toujours le besoin d'aimer, il voulut s'associer encore une épouse dont les vertus touchantes pussent faire son bonheur et celui de sa fille. Il s'unit donc, en secondes noces, à Mlle Desquilbé, qui réalisa toutes ses espérances et dont il eut un fils qui se consacre à la culture des lettres.

Cette urbanité, cette politesse exquise, ces saillies d'esprit, qui caractérisaient les Français avant la révolution, avaient passé de la Cour dans la province. Alors le jeu n'était pas l'unique ressource des gens du monde, et l'homme aimable y pouvait être apprécié par ses pareils. Montauban offrait à cette époque une société choisie où étaient le prince de Craon, le comte de Sainte-Foix, le chevalier de Saint-Hubert, le président de Pullignieu etc. M. Poncet-Delpech, leur ami, et leur rival en bons mots, en publia une élite qui est encore très recherchée des amateurs.

Député à l'Assemblée constituante, où le firent élire son mérite et un excellent ouvrage qu'il mit au jour après la convocation des notables, intitulé : *Instruction pour les Députés aux États généraux*, il soutint dans plusieurs comités de ce sénat éclairé, la réputation qu'il s'était acquise en province, préférant mériter l'estime de ses honorables collègues, en servant sa patrie dans le silence de la retraite, au vain éclat d'une réputation que donne la tribune et qui s'éteint souvent avec l'orateur.

Au sortir de l'Assemblée constituante, il vint occuper, à Montauban, la place de président du tribunal du district, qu'il remplit de manière à être compté parmi les meilleurs magistrats.

Nommé en 1797, au conseil des cinq-cents, il y fit plusieurs rapports sur des objets importants et un surtout sur les substitutions, qui fut cité comme un chef-d'œuvre de raison et de justice.

Du conseil des cinq-cents il passa à la place de président du tribunal civil de première instance, à Montauban, où l'envie elle-même fut obligée d'honorer en lui la droiture, la justice et les talents.

Tant qu'il resta président de l'administration de l'hospice, il s'y montra le digne avocat des pauvres.

Membre de l'académie de Montauban, dont il fut souvent directeur, il embellit ses séances publiques par ses aimables productions. Son nom seul, lorsqu'on annonçait qu'il allait lire, excitait dans l'asesmblée un murmure d'approbation. Ce que 'oln connaissait déjà de lui faisait davantage l'éloge de ce qu'on allait entendre.

Son portefeuille, *dont on espère enrichir bientôt la littérature*, renferme une foule de vers à la manière d'Horace, où la raison est toujours embellie par le coloris le plus brillant. Son *Essai sur le joli dans la nature et dans les arts*, qui doit naturellement faire suite *à l'essai sur le beau, du père André*, est destiné à devenir classique en paraissant. Cette production charmante renferme des principes sûrs, des aperçus neufs et des observations ingénieuses. Comme il était à la fois poète, musicien et peintre fort agréable, il a savamment disserté sur ces arts sans effaroucher les grâces. Semblable à Fontenelle, il avait le secret d'instruire et de plaire tout à la fois.

Après avoir fourni une longue carrière dans la magistrature, il demanda et il obtint du meilleur des Monarques, sa retraite de président du tribunal. C'est au moment qu'il allait jouir en paix du fruit de sa longue expérience, des charmes de l'étude et de ses honorables souvenirs, que la mort est venue le frapper, le 11 mars 1817. M. Capmas, curé de St-Jacques, dont il révérait les vertus apostoliques, avec tous les fidèles, lui administra les derniers secours d'une religion qu'il avait toujours chérie et respectée.

La pièce suivante de M. Bernady aîné, professeur distingué de cette ville, plaira, sans doute, à tous ceux qui ont su apprécier celui qui en est l'objet.

VERS

EN LA MÉMOIRE DE M. J.-B. PONCET-DELPECH.

>Un ami d'Apollon, un soutien de Thémis,
>Vient de céder aux coups des destins ennemis.
>Des arts et des talents la troupe désolée
>De lugubres festons pare son mausolée.
>Tarn, gémis avec eux ; que tes rives en deuil,
>De saules, de cyprès ombragent son cercueil,
>On y lira ces mots : « Juge, il tint la balance
>   « Avec la plus sainte équité ;
>« Orateur, le bon goût ornait son éloquence ;
>« Poète, son vers plaît par les grâces dicté ;
>« Peintre, dans ses tableaux l'art mit son élégance ;
>   « La nature, la vérité. »

Nous n'avons rien à ajouter à la notice qu'on vient de lire. Il est impossible de faire une appréciation plus juste, un éloge plus touchant et mieux senti de toutes les qualités brillantes qui distinguaient M. Poncet-Delpech.

Le fils de cet homme honorable, M. St-Cyr-Poncet-Delpech, est né le 8 mai 1780, à Montauban, chef-lieu du département de Tarn-et-Garonne. Quand son père fut élu membre de l'Assemblée constituante, il le suivit à Paris. C'est à Passy, dans l'institution de MM. Denisot et Séranne que le jeune Poncet-Delpech reçut les premiers éléments d'instruction. — Au sortir de cet établissement il fut admis au cours de belles-lettres de M. Dumas, à l'école centrale des Quatre-Nations. Il ne tarda pas à s'y faire remarquer par ses heureuses dispositions, sa vive intelligence, et ce goût passionné pour les lettres, qu'il a conservé à toutes les époques de sa vie, à un âge où la plupart des jeunes gens ne sont avides que de distractions et de plaisirs frivoles, l'étude des grands écrivains était déjà son occupation presque exclusive; et c'est à ses communications constantes avec ces génies immortels, autant qu'à la supériorité de son organisation, qu'il dut cette vigueur de pensées, cette pureté du goût, cette élégance et cette magie des formes qu'on remarque dans toutes ses productions.

Nous devons mentionner ici une circonstance particulière qui dut nécessairement exercer quelque influence sur l'avenir littéraire de M. Poncet et favoriser l'épanouissement de ses brillantes facultés. A l'école cetrale des Quatre-Nations, il fut le condisciple de Millevoye. Il existe entre les esprits d'élite une sorte de fraternité intellectuelle, dont les liens se resserrent de plus en plus par suite d'intimes relations. Millevoye et M. Poncet se sentirent attirés l'un vers l'autre par une ardente, une irrésistible sympathie. M. Poncet se plaît souvent à rappeler ces délicieuses causeries, ces heures d'épanchements naïfs, de poétiques confidences, où Millevoye déployait toutes les richesses de son imagination et répandait toute la chaleur de son enthousiasme. Ce n'est jamais sans une profonde émotion qu'il parle de ce grand poète, enlevé aux lettres et à la poésie dans tout l'éclat de la jeunesse et du talent.

Cette liaison ne fut pas sans influence sur la direction du talent de M. Poncet. On ne saurait méconnaître en effet, dans ses productions, la plupart des qualités qui brillent dans les œuvres de Millevoye. C'est la même sensibilité, la même teinte mélancolique, la même fraîcheur de coloris. Mais, ce qu'on ne saurait aussi contester, c'est qu'il y a souvent dans les écrits de M. Poncet une force de pensées, une profondeur d'aperçus philosophiques, que la muse de Millevoye, plus douce qu'énergique, n'aurait pu jamais égaler.

Ces mérites divers brillèrent à un haut degré dans ses premiers essais poétiques, et les suffrages de plusieurs hommes éclairés et de juges compétents, tels que MM. Dumas, Sélis, Chénier, Palissot, etc., vinrent lui prouver qu'un bel avenir s'ouvrait devant lui. Certes, c'était débuter brillamment dans la carrière; et M. Poncet doit être fier d'avoir obtenu, dès son apparition dans le monde littéraire, l'approbation de ces esprits distingués, et qui avaient assurément le droit d'être difficiles.

Encouragé par ces témoignages d'intérêt et de sympathie, M. Poncet que dévorait déjà l'amour de la gloire, cette passion des hommes supérieurs et des cœurs généreux, songea à laisser un monument durable de son talent poétique. — En 1805, il publia le poème intitulé : *Mes Quatre Ages*, ou *les Quatre Ages de l'homme*, et le succès de cette production dépassa les espérances qu'avaient fait concevoir les premiers débuts de l'auteur.

Tous les critiques éclairés portèrent sur ce grand

ouvrage le jugement le plus favorable, et l'opinion publique souscrivit à leurs arrêts. Un seul homme protesta avec force contre ces éloges. Ce fut le poète lui-même, qui poussa les scrupules de la conscience littéraire jusqu'à se montrer peu satisfait de l'œuvre importante qui lui attirait tant de félicitations.

> Vingt fois sur le métier remettez votre ouvrage,
> Polissez-le sans cesse et le repolissez,

à dit Boileau dans son *Art poétique*. — Pénétré de cette maxime sévère à l'excès pour lui-même, M. Poncet-Delpech donna un noble exemple, bien propre à faire réfléchir tant de médiocrités vaniteuses qu'on voit si souvent en extase devant leurs plus chétives productions. Il soumit à une révision complète, à un examen minutieux toutes les parties de son ouvrage, et en donna une seconde édition entièrement refondue. — Voici comment M. Vigée, continuateur au lycée des cours de littérature de Laharpe, résuma les jugements de plusieurs journaux, en tête de la notice des poésies qui termine l'*Almanach des Muses* de 1816.

« *Mes Quatre Ages*, ou *les Quatre Ages de l'homme*, poème par M. St-Cyr-Poncet-Delpech, seconde édition, augmentée de plusieurs pièces inédites, avec cette épigraphe :

> Chaque âge a ses plaisirs, son esprit et ses mœurs.

« Paris, chez M. L. Michaud, imprimeur du roi, rue des Bons-Enfants, 34. — 1815.

« Poème qui avait déjà paru, et dans lequel l'auteur a fait d'heureuses corrections...., des pièces inédites qui décèlent, ainsi que le poème, un talent vraiment distingué. »

Aucun homme de goût, ne saurait contester la justesse de ces éloges, après une lecture attentive du poème de M. Poncet Delpech. Un plan très heureusement conçu et habilement développé; de charmans épisodes qui se lient toujours au sujet des tableaux et des descriptions, qui révèlent un vif sentiment des beautés de la nature; de nobles élans, des inspirations généreuses, un style d'une admirable limpidité, une versification riche, brillante et harmonieuse; tels sont les mérites divers, qu'on remarque dans les quatre âges de l'homme, et qui assurent à cette production, une place extrêmement honorable dans les fastes littéraires du dix neuvième siècle.

Parmi les morceaux de poésie qui se trouvent dans a seconde édition de cet ouvrage, il en est un surout, que nous avons lu avec un charme indicible; c'est celui qui est intitulé: Ma journée dans une petite ville; composition étincellante de verve et d'esprit et qui prouve toute la fléxibilité d'un talent, qui sait se prêter sans effort, aux plus étonnantes métamorphoses.

M. Poncet, prépare maintenant une troisième édition de ces divers ouvrages, qu'il livrera dit-on incessamment à la publicité. On assure également que cet écrivain distingué, doit bientot enrichir le monde littéraire d'un recueil intitulé: Fables pour les vieux enfans. Cette œuvre sera précédée par des considérations sur le temps où l'auteur a vécu, et sera suivie d'un tableau de la littérature de l'empire, où seront résumés les travaux intellectuels de cette époque, travaux si étrangement méconnus, et quelquefois même si indignement décrits par ces ignorans novateurs, qui ont pris chez nous le nom de romantiques; il appartient à M. Poncet Delpech, qui fut toujours fidèle à la cause de la raison et du bon goût, de prouver combien la littérature de l'empire, cette littérature si correcte, si élégante, si sage, si mesurée, si pleine de respect pour les convenances, était supérieure sous tous les rapports, à la plupart des productions du jour, où l'esprit et le talent sont trop souvent remplacés par le dévergondage et le cynisme.

Le recueil de fables que doit incessamment publier M. Poncet, présentera son talent sous un aspect nouveau, et l'apparition de cet ouvrage sera sans aucun doute une bonne fortune pour les amis des lettres. En attendant, nous allons offrir à nos lecteurs une de ces fables, dont nous devons la communication à l'indiscrétion d'un ami de l'auteur; et qui pourra d'avance donner une idée du mérite, de l'intérêt et de l'originalité de ces compositions.

LES BULLES DE SAVON.

FABLE.

Alexandre César, Alaric Charlemagne,
Ont voulu conquérir le monde épouvanté
Qu'en reste-t-il à leur postérité?
Pas même hélas, des châteaux en Espagne.
Napoléon, qui les surpassa tous,
Goûtait souvent un plaisir doux

En venant oublier le poids de sa couronne,
Près de son jeune fils, héritier de son trône;
Un jour il le trouva, muni d'un châlumeau,
Soufflant dans un bassin, plein de savon et d'eau;
Il en faisait sortir des globes diaphanes,
Qui des couleurs d'Iris, s'ornaient en s'élevant
Glissaient dans l'air comme des mânes,
Et s'évanouissaient bientôt au moindre vent.
L'Empereur à son tour souffre, mais ô prôdige,
  Sur chaque globe qui voltige
  On lisait le nom du pays,
Qu'il entendait garder après l'avoir conquis
Naples était sur l'un, sur l'autre Westphalie,
Puis Milan, Rome et l'Ibérie;
Ah papa dit l'enfant, au grand Napoléon,
Vous faites comme moi, des bulles de savon.

M. Saint-Cyr Poncet-Delpech, est membre de l'académie de Tarn-et-Garonne, où il a exercé pendant quinze ans les fonctions de secrétaire perpétuel; il a pris aux travaux de cette honorable compagnie une part aussi active que brillante; et les diverses lectures qu'il y a faites, ont été constamment accueillies avec ce vif intérêt, que commande un talent d'écrivain très distingué, et que soutient une diction toujours pleine de charmes.

Après la perte douloureuse d'une épouse adorée, M. Saint-Cyr Poncet-Delpech s'est retiré dans une solitude agréable, à Montbeton, petit village aux environs de Montauban; que Louis XIII ne dédaigna pas d'habiter pendant qu'il faisait le siège de cette ville.

Dans cette demeure nommée Beau-Séjour; se trouve un vaste cabinet, qui attire non seulement les indigènes, mais aussi les étrangers; on y remarque une bibliothèque, où figure tout ce qu'on relit depuis l'origine du monde, reproduit en huit mille volumes illustrés par les caractères des typographes célèbres, et par le burin des artistes les plus distingués. M. Poncet a mis sa vie entière à former cette magnifique collection; il n'a reculé devant aucun sacrifice pour faire de ce cabinet, un des plus intéressans, des plus curieux qui existent; et chaque jour encore il travaille à l'enrichir de nouveaux chef-d'œuvres.

Dans cette charmante solitude, il a été souvent visité par des étrangers de distinction; tous ont admiré chez M. Poncet, des connaissances très étendues, une imagination puissante, un vif sentiment de tout ce qui est grand et beau, une merveilleuse richesse d'élocution; en un mot, un heureux ensemble de qualités solides et brillantes qui lui auraient assuré de grands succès dans les plus nobles carrières. Ce qui les a surpris bien plus encore, c'est de trouver au plus haut degré chez M. Poncet, ce goût parfait, cet atticisme, cet art de causer avec grâce, cet esprit français, dont les belles traditions se perdent hélas chaque jour.

Cette notice était terminée lorsqu'en parcourant les ouvrages de M. Saint-Cyr-Poncet Delpech, nous avons lu une ode très remarquable qu'il composa, en 1826, à propos de l'arrivée de M. Mingret à Montauban, sa ville natale, lorsque le grand artiste vint présider au placement de son beau tableau du *Vœu de Louis XIII.*—Dans des strophes, qui étincelaient de beautés du premier ordre, le poëte remonte à l'origine de la peinture, caractérisée par des traits vifs et rapides les peintres les plus fameux; puis, adressant d'utiles conseils aux artistes de nos jours, il s'écrie :

Comme Rembrandt de la lumière
Rappelle-nous les grands effets ;
Du Corrège prends la manière
D'en graduer les doux reflets.
Comme Vinci deviens puriste,
Comme Titien coloriste.
Mais non, Artiste, fais bien mieux,
Ose voler avec tes ailes !
Quand on suit toujours les modèles
Jamais on ne marche avant eux.

Le faux goût d'une ombre légère,
Eprouve toujours le destin,
C'est une erreur, une chimère,
Qui n'aura ni soir ni matin.
Vateau, Boucher ont sur ses traces
De pompons surchargé les grâces.
En prodiguant sans réfléchir,
Les ornements et la parure,
Ils appauvrirent la nature
Pour avoir voulu l'enrichir.

Mais David se montre à la France :
Léonidas, Brutus, Pâris,
Ont recouvré leur existence
Avec Hersilie et Cypris.
Dévoré d'un zèle sublime,
Nouveau Prométhée, il anime,
Les héros, les belles, les dieux ;
Ses diéciples sont en extase,
Par son génie il embrase
Du feu qu'il ravit dans les cieux.

Vous renaissez sans plus attendre
Au gré de nos yeux réjouis,
Siècles de Léon, d'Alexandre,
Siècle si grand du grand Louis.
Honneur à l'auteur de Corinne !
A Gros que sa gloire illumine !
A toi, cher INGRES si vanté,
Dont le crayon raphaélique,
Correct et pur comme l'antique,
Rayonne d'immortalité !

Admirant dans toi le grand homme,
Quand il fut au bord du tombeau,
Girodet t'appela de Rome
Pour te transmettre son pinceau.
Ainsi lorsque sa mort s'apprête,
Comptant revivre en Philoctète,
Dont le courage plus qu'humain
Défait la Parque cruelle,
Hercule à son ami fidèle
Remet ses flèches dans sa main.

De la Cité qui t'a vu naître,
Reçois l'affectueux accueil.
Le Tarn en te voyant paraître
A tressailli d'un noble orgueil.
Le chef-d'œuvre qui te devance,
T'a conquis la palme d'avance.
Tel, en rentrant dans ses remparts,
César, chéri de la victoire,
Suivait le tribut que sa gloire
Avait conquis aux champs de Mars.

Imprimerie de A. Delcambre, | Société Laloubère, Delcambre et
boulevart Pigale, 46. | Lorillière.

www.ingramcontent.com/pod-product-compliance
Lightning Source LLC
Chambersburg PA
CBHW061612040426
42450CB00010B/2453